# ¡BIENVENIDO!

**Estás iniciando algo nuevo. ¿Alguna vez has iniciado algo nuevo? ¿Qué fue? ¿Cómo te sentiste?**

**Muchas veces, las personas tienen preguntas cuando inician algo nuevo. Ahora que estás pensando volverte católico, ¿qué preguntas tienes?**

# Dios se deleita en TI

**Escribe tu nombre en el centro de esta página y dibújate. Luego, alrededor de tu dibujo y tu nombre, agrega las cosas que te hacen ser tú. Escribe o dibuja.**

**Tu comida favorita** **Tus deportes o actividades favoritas** **Tus dones o talentos**

# ¿Por qué estás aquí?

**¿Qué te lleva a explorar la posibilidad de volverte católico? ¿Qué persona o grupo ha sido particularmente importante para ti ahora que inicias este camino? Dibuja a estas personas o escribe su(s) nombre(s).**

**¿Qué te gusta más sobre esta persona o grupo?**

# ¿Quién es DIOS?

**No importa a dónde te lleve este camino, Dios siempre va a estar contigo. Aún si decides no volverte católico, Dios te ama y te guía.**

**Estas son algunas de las formas en las que la gente se refiere a Dios. Debajo de cada dibujo, escribe el nombre. También puedes buscarlas en la Biblia.**

*Salmos* 18, 47

*Deuteronomio* 32, 11

*Salmos* 61, 4

*Proverbios* 9, 1–5

*Salmos* 3, 4

*Isaías* 66, 13

*Lucas* 11, 2

*Juan* 10, 9

*Juan* 6, 35

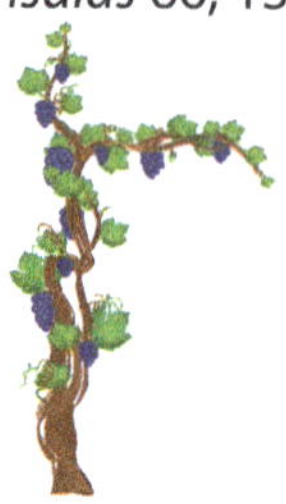

*Juan* 15, 1. 5

*Juan* 10, 11

*Juan* 8, 12

*Juan* 4, 14

*Mateo* 23, 37

# Cómo veo a DIOS

**Podemos experimentar a Dios de muchas maneras.**

**Escribe una carta para Dios y dile cómo lo ves, lo hueles, lo pruebas, lo oyes y lo tocas. Por ejemplo:**

- **Te pareces a un bello atardecer.**
- **Suenas como la risa de mis amigos o como una cascada de agua.**
- **Eres como el agua fresca después de una larga caminata.**
- **Hueles como las tortillas recién hechas o las galletas recién salidas del horno.**
- **Eres como un beso de mi mamá, como una caricia ligera de mi papá en mi hombro o como el pétalo de una rosa.**

**"Contemplaré tu rostro . . .
me saciaré de tu semblante".**

**–*Salmos* 17, 15**

# LOS RITOS DE INICIACIÓN

***Un rito es como un puente que te lleva de un lugar a otro. Quizás has cruzado algún puente que no puedes ver ni tocar. Pasar de grado en la escuela, a una clase más avanzada o pasar del equipo de principiantes al intermedio son ejemplos de este tipo de puentes. Cruzarlos significa que has dejado atrás un nivel y estás preparado para tomar el siguiente paso.**

**Los ritos de iniciación cristiana son como esos puentes. Quieren decir que estás listo para dar el siguiente paso y avanzar. Son un signo de que has terminado un periodo y deseas iniciar otro, así es que ¡celebremos! Todos los ritos nos llevan a celebrar los Sacramentos de Iniciación durante la Misa de la Vigilia Pascual.**

**Completa estos puentes escribiendo los nombres de los periodos que suceden antes y después de los ritos. (Pista: Observa las barras de diferentes colores en la parte de arriba de cada página).**



**Catequistas, esponsores y padres: Los niños pequeños probablemente necesitarán ayuda para completar esta página.*

# El Rito de ACEPTACIÓN

**Quizás te hagan algunas preguntas durante el Rito de Aceptación. Las preguntas pueden ser exactamente como estas o pueden tener algunas palabras diferentes. Puedes oír lo que los demás contestan, pero es mejor tener preparada tu propia respuesta. Escribe lo que crees que podrías contestar.**

**¿Por qué quieres volverte católico?**

**En el Rito de Aceptación, hay tres símbolos principales. Responde estas preguntas sobre cada uno de ellos.**

## 1. La comunidad

**Nombra a una persona o a un grupo de personas que te han ayudado a acercarte más a Jesús.**

**¿Qué es lo que esta persona o personas hacen para ayudarte a acercarte más a Dios?**

## 2. La Palabra de Dios

**¿Cuál es tu relato favorito de la Biblia? ¿Por qué?**

**¿Por qué crees que es importante leer la Biblia?**

## 3. La cruz

**¿Qué situaciones dolorosas has experimentado?**

**Nombra a una persona o grupo de personas que sufre porque no tienen hogar, están enfermos, hambrientos, solos o tristes. ¿Cómo te gustaría ayudar a esta persona o grupo de personas?**

**Escribe o dibuja la parte del Rito de Aceptación que tuvo un mayor significado para ti. ¿Por qué fue tan importante esta parte?**

# El LLAMADO a SEGUIR

*La segunda etapa en el proceso de iniciación se llama Catecumenado. Durante este tiempo, aprenderás "a poner [tu] esperanza en Cristo para todo" (basado en el *Rito de la Iniciación Cristiana de Adultos*, 75.2).

Vas a aprender nuevas maneras de orar y leer muchas historias de la Biblia. Te parecerás más y más a Jesucristo a medida que sigues su camino y sirves a su pueblo.

Estas son dos cosas que puedes hacer durante el Catecumenado:

- **CREAR UN ESPACIO PARA LA ORACIÓN.** Este es un lugar en donde puedes ir para estar en silencio con Dios. En este lugar, tú y Dios pueden hablar o simplemente estar juntos. Puedes acomodar algunos objetos como una concha de mar, una roca, fotografías, una flor, una hoja o una pluma de ave. Trata de pasar un poquito de tiempo todos los días en tu espacio para la oración. Es una buena idea probar diferentes modos de orar y ver cuál te gusta más.

- **ELIGE UNA MANERA DE AYUDAR A OTRAS PERSONAS.** En la página 8 nombraste a una persona o grupo de personas a quienes te gustaría ayudar. Escribe más sobre ellas:

  ______________________________

  ¿De qué maneras tu parroquia ofrece ayuda a personas pobres, enfermas, que viven en soledad o que no tienen hogar?

  ______________________________

  Nombra a una persona que admires por la manera en la que ayuda a otras personas.

  ______________________________

  ¿En qué proyecto de tu hogar o tu parroquia podrías ayudar?

  ______________________________



*Catequistas, esponsores y padres: Los niños pequeños probablemente necesitarán ayuda para completar esta página.*

*Elige un relato de la Biblia que te guste sobre recibir un llamado:

El llamado a Abram (Abraham) (*Génesis* 12, 1–9)

El llamado a Samuel (*1 Samuel* 3, 1–21)

La Anunciación a María (*Lucas* 1, 26–38)

El llamado a Mateo (Leví) (*Lucas* 5, 27–32)

El llamado a los primeros apóstoles (*Mateo* 4, 18–22)

El llamado a la mujer samaritana (*Juan* 4, 1–42)

Cuando termines, pregúntate lo siguiente: ¿Por qué elegiste ese relato? ¿Qué aprendiste de él?

Así como Abraham, Sara, Samuel, María, Mateo, Pedro, Andrés, Santiago, Juan y la mujer samaritana fueron llamados por Dios, él también te llama a *ti*.

Comencemos con una oración:

**"Tú eres mi hijo[a] amado[a], en quien me complazco".**

–basado en *Marcos* 1, 11

Repite estas palabras lentamente, reflexionando en tu interior. Piensa en lo que significan para tu vida. Pide a Dios que te ayude a seguir a Jesús.

**Catequistas, esponsores y padres:* Los niños pequeños probablemente necesitarán ayuda para completar esta página.

# ¿QUIÉN me llama?

**Sería algo raro seguir a alguien a quien no conoces, ¿no crees? ¿Qué sabes sobre Jesús? Completa las siguientes columnas. Si necesitas ayuda, pídesela a un amigo, a tus papás o a tu esponsor y/o padrino.**

| Cosas que sé con seguridad sobre Jesús | Maneras en las que Jesús ayudó a otras personas | Cosas que otras personas dicen sobre Jesús |
|---|---|---|
| | | |

**¿Cómo vas a responder al llamado que Jesús te hace a seguirlo?**

# ¿Por qué YO?

*Algunas veces, todos nos preguntamos qué ve Jesús en nosotros. ¿Por qué nos pide seguirlo? (Podríamos preguntarnos lo mismo sobre sus primeros seguidores, quienes no eran reconocidos precisamente por su fortaleza, inteligencia o rapidez. ¡Se podría decir que ellos estaban realmente confundidos!).

De hecho, Jesús sabía exactamente lo que estaba haciendo. La mayoría de las personas, si fueran a iniciar una iglesia, no invitarían a una adolescente y a un pescador que siempre andaba "metiendo la pata". Sin embargo, a final de cuentas, María y Pedro fueron la elección perfecta.

Puede parecer que tú tampoco eres la persona indicada para esta tarea pero, confía en Jesús, él sabía lo que estaba haciendo cuando te eligió.

En los siguientes espacios, escribe tu "historial". Cuando eras más pequeño, quizás aprendiste a leer, a andar en bicicleta o a sumar. Ahora y en el futuro, Dios podría pedirte que cuides de los más pequeños, que ayudes a salvar los bosques o que compongas música. Piensa de manera creativa al contestar estas listas.

- **Cosas que Dios me ha llamado a hacer en el pasado:**

- **Cosas que Dios me pide ahora:**

- **Cosas que Dios me podría pedir en el futuro:**

El llamado podría parecer excesivo si tuvieras que hacerlo solo. Esa es la razón por la que tú (y todos los demás cristianos) le pides a Dios fortaleza y energía para seguirlo. Puedes rezar en tus propias palabras o usar esta oración:

**Ayúdame a aprender "a poner [mi] esperanza en Cristo para todo".**

**–basado en *RICA*, 75.2**

*Catequistas, esponsores y padres: Los niños pequeños probablemente necesitarán ayuda para completar esta página.*

# Encuentro a JESÚS hoy

Durante un día normal, ¿en dónde encuentras a Jesús?

Puede estar escondido. Puede estar en la cara de un amigo o un desconocido. Tal vez puede sorprenderte.

Durante una semana, presta atención a las maneras en las que Jesús está contigo. Puedes encontrarlo en los lugares menos esperados.

| Escribe o dibuja en el espacio correspondiente la manera en la que encontraste a Jesús ese día. | Domingo | Lunes | Martes |
|---|---|---|---|
| **Miércoles** | **Jueves** | **Viernes** | **Sábado** |
| | | | |

# RITOS del Catecumenado

***Durante este periodo, puedes participar en varios ritos.**

Lo primero es una **bendición**. ¿Bendices los alimentos antes de comer o le pides su bendición a tus papás o abuelitos cuando vas a ir a algún lugar? Bendecir a otra persona tiene sus raíces en la tradición judeo-cristiana. Cuando Abram y Saray iban a salir a un viaje, Dios los bendijo diciendo: "Te bendeciré; voy a engrandecer tu nombre y tú serás una bendición. . . . En ti serán bendecidas todas las razas de la tierra" (*Génesis* 12, 2–3).

Hoy seguimos bendiciendo a las personas cuando van a emprender un viaje. En tu caso, el viaje es el camino que vas a recorrer para celebrar los Sacramentos de Iniciación en la Pascua. "Las bendiciones, con las que se muestra la caridad de Dios y la solicitud de la Iglesia, deben ofrecerse también a los catecúmenos" (*RICA*, 95).

También puedes bendecir a otras personas. Simplemente toca su frente o su hombro o haz la señal de la cruz sobre ellos. Puedes decir una oración como esta: "Que el Señor te bendiga y te guarde". O puedes bendecir a alguien diciendo tus propias palabras.

✚ **Escribe una bendición para otra persona en este espacio.**

Así como un atleta se pone aceite en los músculos antes de una competencia, la **unción** con aceite fortalece a una persona para una tarea difícil. Los antiguos reyes de Israel eran ungidos, y Cristo fue un sacerdote, profeta y rey ungido. Cuando la Iglesia te unge dice: "Ustedes son una raza elegida, un reino de sacerdotes, una nación consagrada, un pueblo que Dios hizo suyo" (*1 Pedro* 2, 9).

✚ **¿Cómo te sentiste cuando fuiste ungido?**

¿Tu mamá, papá o un hermano mayor trata de protegerte del mal? ¿Algunas veces dicen: "Cuídate" cuando sales de tu casa? Un **exorcismo menor** es una oración para fortalecer a un cristiano contra los males que nos rodean.

✚ **Escribe unas palabras sobre el gesto o ademán que realizó el celebrante durante el rito.**

**Catequistas, esponsores y padres: Los niños pequeños probablemente necesitarán ayuda para completar esta página.*

# Me preparo para el RITO DE ELECCIÓN

**Piensa en cómo eras antes de comenzar este proceso y cómo eres ahora. Si ves algunas diferencias, dibújalas o escribe sobre ellas aquí:**

ANTES

AHORA

- **¿De qué manera has participado en la vida de oración de tu comunidad?**

- **¿Qué recuerdos tienes de las Misas, oraciones comunitarias, Liturgias de la Palabra o de oraciones familiares en casa?**

- **¿Qué recuerdos especiales tienes de tu servicio con la comunidad? ¿Has preparado comidas para los indigentes? ¿Has cuidado a niños más pequeños? Escribe o dibuja aquí tu recuerdo preferido:**

# Me preparo para el Rito de Elección

*Durante este rito, te van a pedir por nombre que pases al frente. Te van a llamar *Elegido* de Dios. Esto significa que has sido escogido por Dios y la Iglesia para llevar a cabo la obra de Jesús. Celebraremos que *tú* has sido elegido como seguidor de Jesús en los Sacramentos de Iniciación (Bautismo, Confirmación y Eucaristía) durante la Vigilia Pascual. Durante este rito, vas a escribir tu nombre en el Libro de los Elegidos.

✚ ¿Cuándo has firmado tu nombre o tus papás han firmado por ti? Describe o dibuja aquí:

✚ ¿Qué significa firmar tu nombre?

✚ ¿Qué es lo que más necesitas de Dios ahora?

*Catequistas, esponsores y padres: Los niños pequeños probablemente necesitarán ayuda para completar esta página.*

# Después del RITO DE ELECCIÓN

**Durante el rito, tus papás o padrinos hablaron en tu nombre. Ellos dijeron que tú habías oído el llamado de Cristo y que querías seguirlo.**

- **¿Cómo te sientes sobre celebrar los sacramentos del Bautismo, Confirmación y la Eucaristía?**

- **Durante el Catecumenado, escuchaste muchos relatos sobre Jesús. ¿Cuál es tu favorito?**

- **¿Has memorizado algunas palabras de Jesús que llevas contigo en tu corazón? Escríbelas aquí:**

# Primer ESCRUTINIO

A G U A

+ Dibuja o escribe sobre una ocasión en la que tuviste mucha sed.

+ Dibuja o escribe sobre una experiencia que recuerdes relacionada con el agua: puede ser una tormenta, nadar en un día caluroso, un lago u océano, una tormenta de nieve.

+ Lee *Éxodo* 17, 3–7 y *Juan* 4, 5–42. ¿Cómo aparece el agua en cada relato?

+ Dibuja o describe una manera en la que has visto a alguna persona actuar como agua para otra: limpiando su cara, manos o ropas; saciando su sed; dándole alivio.

# Presentación del CREDO

*Un **credo** es una declaración de las creencias de una persona o personas. La palabra significa "tener el corazón puesto en estas creencias". Imagina que una falla de computadora ha destruido todos los credos del mundo y ahora tú debes crear el tuyo.

+ **¿Cuáles son las cosas sobre Dios en las que crees firmemente?**

## Credo de los apóstoles

Creo en Dios, Padre Todopoderoso,
Creador del cielo y de la tierra.
Creo en Jesucristo, su único Hijo,
nuestro Señor,
que fue concebido por obra y gracia
del Espíritu Santo,
nació de santa María Virgen,
padeció bajo el poder de Poncio Pilato,
fue crucificado, muerto y sepultado,
descendió a los infiernos,
al tercer día resucitó de entre los muertos,
subió a los cielos
y está sentado a la derecha de Dios,
Padre todopoderoso.
Desde allí ha de venir a juzgar a vivos y muertos.
Creo en el Espíritu Santo,
la santa Iglesia católica,
la comunión de los santos,
el perdón de los pecados,
la resurrección de la carne
y la vida eterna.
Amén.

+ **Elige una frase del Credo y escríbela en tus propias palabras o haz un dibujo de lo que significa para ti.**

*Catequistas, esponsores y padres: Los niños pequeños probablemente necesitarán ayuda para completar esta página.*

# Segundo ESCRUTINIO

LUZ

- **Dibuja o escribe sobre una ocasión en la que no podías ver bien. También puedes recordar una ocasión en la que las cosas en tu vida parecían oscuras, tanto en tu exterior como en tu interior.**

- **Lee *Juan* 9, 1–41. Ponte en los zapatos del hombre que nació ciego. Imagina lo que se sentiría que alguien te diera la vista. Dibuja o describe lo que ves en el espacio a continuación.**

- **¿Cómo crees que las personas actúan como una luz para los demás? Dibuja o describe una ocasión en la que ayudaste a alguien más a ver o cuando alguien te ha ayudado a ver.**

MUERTE y VIDA NUEVA

# Tercer ESCRUTINIO

- **Escribe sobre un fallecimiento o una pérdida en tu vida. Por ejemplo: un amigo que se mudó lejos, uno de tus papás perdió su trabajo, un fracaso en la escuela.**

- **Escribe sobre una ocasión en la que te sentiste lleno de vida nueva. Por ejemplo: una llamada telefónica sorpresa, un día hermoso de primavera, pasear en el coche nuevo de un amigo.**

- **Lee *Juan* 11, 1–45. Vuelve a contar el relato como si fueras Lázaro, Marta o María. Comienza diciendo: "Hoy tuve la experiencia más maravillosa. . .".**

- **¿Cómo puede una persona traer vida nueva a los demás? Dibuja o escribe sucesos como unos papás que tienen un bebé, unos amigos que se ayudan entre sí o alguna manera en la que alguien te ha dado vida nueva o tú le has dado vida nueva a alguien.**

# Entrega del PADRE NUESTRO

Durante siglos, los cristianos han dicho esta oración. Cuando te la entregamos, es como si te diéramos un tesoro. Para ayudarte a hacerlo tuyo, escríbelo con tus propias palabras o dibuja lo que significa para ti.

**Padre nuestro,** ______

**que estás en el cielo,** ______

**santificado sea tu Nombre;** ______

**venga a nosotros tu reino,** ______

**hágase tu voluntad** ______

**en la tierra como en el cielo.** ______

**Danos hoy nuestro pan de cada día;** ______

**y perdona nuestras ofensas,** ______

**como también nosotros perdonamos** ______

**a los que nos ofenden,** ______

**no nos dejes caer en la tentación,** ______

**y líbranos del mal.** ______

**Amén.** ______

# Me preparo para los
# SACRAMENTOS DE INICIACIÓN

## BAUTISMO

**Lee *Lucas* 8, 22–25 en donde Jesús calma a una tormenta. ¿Cuántos otros relatos de la Biblia que hablan sobre el agua puedes recordar? ¿De qué manera la Iglesia da agua a las personas para saciar su sed, limpiarlas o restaurar su esperanza cuando la han perdido?**

**En la jarra que está a continuación, dibuja o escribe sobre una ocasión en la que el agua te trajo algo bello o que te dio alivio. O describe una ocasión en la que le tenías miedo al agua. Tal vez durante una tormenta fuerte o cuando tú o alguien más casi se ahoga.**

# CONFIRMACIÓN

*Un rey o reina llevan una corona para indicar que son especiales. También son ungidos (se derrama aceite sobre ellos) para mostrar que han sido apartados para realizar un trabajo especial.

Tú también vas a ser ungido con un aceite especial llamado **Santo Crisma**. Esto indicará que eres especial, apartado para el servicio de Dios. Tu cuerpo es sagrado y eres parte de la nobleza porque has sido marcado con el sello de Jesús. El Crisma va a tener un aroma maravilloso y va a brillar un poco en tu frente. Esto te recuerda que te estás convirtiendo en parte de "una raza elegida, un reino de sacerdotes, una nación consagrada, un pueblo que Dios hizo suyo" (*1 Pedro* 2, 9).

Lee *1 Samuel* 16, 1. 6–7. 10–13. ¿Cómo vas a ser marcado al igual que David? Escribe o dibuja tu respuesta en la botella.

*Catequistas, esponsores y padres: Los niños pequeños probablemente necesitarán ayuda para completar esta página.*

# LA EUCARISTÍA

**Piensa en una ocasión en la que tenías hambre. Ahora recuerda una comida deliciosa. ¿Qué aromas, sabores e imágenes recuerdas? Dibuja o crea la comida perfecta en el plato.**

**Lee *Juan* 6, 1–13 en donde Jesús alimenta a 5,000 personas. ¿Qué otros relatos de la Biblia hablan sobre el pan? ¿Recuerdas algún relato que hable de que Jesús tomó vino? ¿Qué dijo Jesús? Escribe sus palabras en la copa.**

**Recuerda una ocasión que te levantó los ánimos. Tal vez fue un acontecimiento maravilloso como un viaje, un concierto o un juego que te animó o te llenó de alegría.**

**¿Cómo levantas los ánimos de tus amigos y familia? ¿Cómo te levantan ellos los ánimos? Dibuja o escribe tu respuesta en el pan.**

# MISTAGOGIA

**Piensa en un momento especial, como una fiesta, una película, unas vacaciones.**

**¿Alguna vez has vivido un momento especial? ¿Cómo lo recuerdas? ¿Ves las fotos o recuerdos que tienes de la ocasión?**

**Si tienes cualquier objeto de la Vigilia Pascual (cirio bautismal, vestidura blanca, fotos, video), tráelos ahora. Escríbelos en una lista o dibújalos. Colócalos cerca de ti para que, mientras escribas o dibujes, te ayuden a recordar ese momento especial. ¿Qué recuerdos te traen?**

**Esta sección de tu cuaderno es para mirar al pasado y recordar los sacramentos que celebraste, así como para mirar hacia el futuro y cómo vas a vivir como católico. A veces también podemos disfrutar una fiesta o un viaje después de haberlo vivido. Lo mismo sucede con los sacramentos, podemos pasar el resto de nuestra vida disfrutándolos y entendiendo mejor su significado. Esto es de lo que se trata el periodo de Mistagogia. Ahora comienzas esta reflexión que continuará por el resto de tu vida.**

**A continuación se presentan algunas cosas que tal vez recuerdas sobre la Vigilia Pascual. Escribe o dibuja lo que recuerdas sobre cada una.**

fuego

aceite

Escrituras

vela o cirio

agua

Pan

contacto

Vino

vestidura blanca

# La ASAMBLEA

**Las personas que se reunieron en la Vigilia Pascual se llaman la Iglesia o la asamblea. Dibuja o escribe los nombres de algunas personas que recuerdes.**

# Ceremonia de la LUZ

**Ve la página 21, 4.º Domingo de Cuaresma. ¿Qué escribiste o dibujaste sobre la luz?**

**¿Cómo puedes llevar luz a los demás ahora? Cuando alguien está triste, ¿le cuentas un chiste gracioso para animarlo? ¿Ayudas a tu papá o a tu mamá si están cansados? ¿Cantas, bailas, corres o dibujas? Todas estas cosas pueden llevar alegría a los demás.**

**Dibújate sosteniendo en la mano tu cirio bautismal encendido.**

# LITURGIA de la PALABRA

**Elige una de las siguientes lecturas de la Vigilia Pascual y escribe o dibuja lo que recuerdes sobre ese relato en las líneas de abajo.**

**"En el principio creó Dios el cielo y la tierra . . . ". –*Génesis* 1, 1**

**"Entonces Moisés y los hijos de Israel cantaron este cántico al Señor:**
**'Cantamos al Señor, sublime es su victoria:**
**caballos y jinetes arrojó en el mar'". –*Éxodo* 15, 1**

**"Todos ustedes, los que tienen sed, vengan por agua". –*Isaías* 55, 1**

**"Todos los que hemos sido incorporados a Cristo Jesús por medio del bautismo, hemos sido incorporados a él en su muerte". –*Romanos* 6, 3**

**"No está aquí; ha resucitado". –*Mateo* 28, 6**

# Celebración del BAUTISMO

**Cuando te sumergiste en el agua o la sentiste caer sobre tu cabeza, ¿qué sentiste o qué pensaste?**

**Revisa lo que escribiste o dibujaste en las páginas 19 y 24 de tu cuaderno.**

**¿Cómo das alivio o ayudas a limpiar a otras personas? ¿Ayudas algunas veces a lavar la ropa o a regar las plantas? ¿Preparas limonada para niños más pequeños? ¿Le ofreces a tus amigos algo fresco para beber después de andar en bicicleta? Dibuja o escribe sobre una manera en la que puedes ser como agua para las personas que tienen sed.**

# VESTIDURA BLANCA Y CIRIO

**Dibújate llevando puesta tu vestidura blanca.**

**¿Qué crees que significan las palabras "Estás revestido de Cristo"?**

**¿Cómo te sentiste cuando tu padrino o madrina te entregó el cirio encendido?**

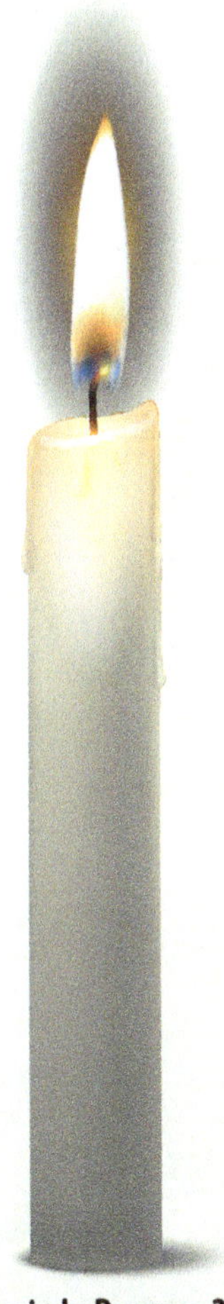

**¿Cómo puedes "caminar siempre como hijo de la luz y guardar la llave de la fe viva en tu corazón"?**

# Celebración de la CONFIRMACIÓN

**Cuando el celebrante extendió las manos sobre ti, ¿qué sentiste o qué pensaste? ¿Y cuando te ungió con el Santo Crisma? Escribe o dibuja lo que recuerdas.**

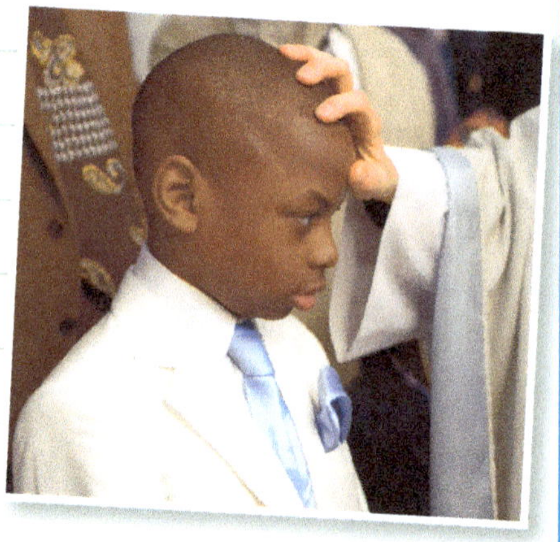

**¿Cómo puedes tocar las vidas de otras personas como aceite y fragancia? ¿Cómo puedes aliviar algo que está lastimado? ¿Dar consuelo a alguien que está enfermo? ¿Mostrar belleza a alguien más? Dibuja o escribe una manera en la que puedes ser como Cristo para los demás.**

# LITURGIA de la EUCARISTÍA

**Revisa las páginas 26 y 27 de tu cuaderno para recordar lo que dijiste antes sobre el hambre y el alimento. ¿Qué relatos de la Biblia recuerdas que hablen sobre Jesús comiendo y bebiendo?**

**¿Qué sentiste al acercarte a la mesa del Señor para recibir la Eucaristía con los demás? Dibújate o descríbete recibiendo por primera vez el Cuerpo y la Sangre de Cristo.**

# Miro HACIA ATRÁS, miro HACIA ADELANTE

**El final del proceso de iniciación también es el comienzo. Ahora vivirás como seguidor de Jesús, marcado con el sello de su cruz. Una y otra vez, él te alimentará con su Cuerpo y Sangre. En cambio, tú llevarás a Jesús a todas las personas que conozcas.**

**Mira la primera página de tu diario. ¿Cómo te sentías al comenzar el camino de tu iniciación?**

**¿Cómo te sientes ahora que has terminado tu iniciación?**

**Al mirar hacia el futuro, ¿qué tipo de cristiano quieres ser?**

# WELCOME!

You are starting something new. Have you ever started something new before? What was it? How did you feel about it?

People often have questions when they start something new. As you think about becoming a Catholic, what questions do you have now?

# God Delights in YOU

**Write your name in the middle of this page and draw yourself. Then, around your name and picture, add things that make you *you*. Write or draw:**

**Your favorite foods** **Your favorite sports or activities** **Your talents or gifts**

# Why Are YOU Here?

**What brings you to explore being Catholic now? What person or group has been especially important to you as you start this path? Draw their picture(s) or write their name(s).**

**What do you like about this person or group?**

# Who Is GOD?

**No matter where this path leads, God will always be with you. Even if you choose not to become a Catholic, God loves you and guides you.**

**Here are some ways people have thought about God. Under each drawing, write the name. You can also look them up in the Bible.**

Psalm 18:47

Deuteronomy 32:11

Psalm 61:4

Proverbs 9:1–5

Psalm 3:4

Isaiah 66:13

Luke 11:2

John 10:9

John 6:35

John 15:1, 5

John 10:11

John 8:12

John 4:14

Matthew 23:37

# How I See GOD

**We can experience God in so many ways.**

**Write God a letter, telling God how you see, hear, taste, smell, and touch God. For example:**

- **You look like a beautiful sunset.**
- **You sound like my friends laughing or a waterfall.**
- **You taste like cold water after a long, hot walk.**
- **You smell like fresh tortillas or like brownies being baked.**
- **You feel like my mom's kiss, my dad's light touch on my shoulder, or a flower petal.**

**"Let me see your face; . . .**
**let me be filled with your presence."**
**–Psalm 17:15**

# THE RITES OF INITIATION

*A rite is like a bridge—it gets you from one place to another. You have probably crossed some bridges that you can't see or touch. Going to the next grade in school, to a more advanced class, or from the beginning to the intermediate team are these kinds of bridges. They mean that you have moved past one level and have grown ready for the next step.

The rites of Christian Initiation are like those bridges. They mean that you are ready to go further and do more. They are a sign that you have finished one period and want to start another—so we celebrate! All rites lead to celebrating the Sacraments of Initiation at the Easter Vigil Mass.

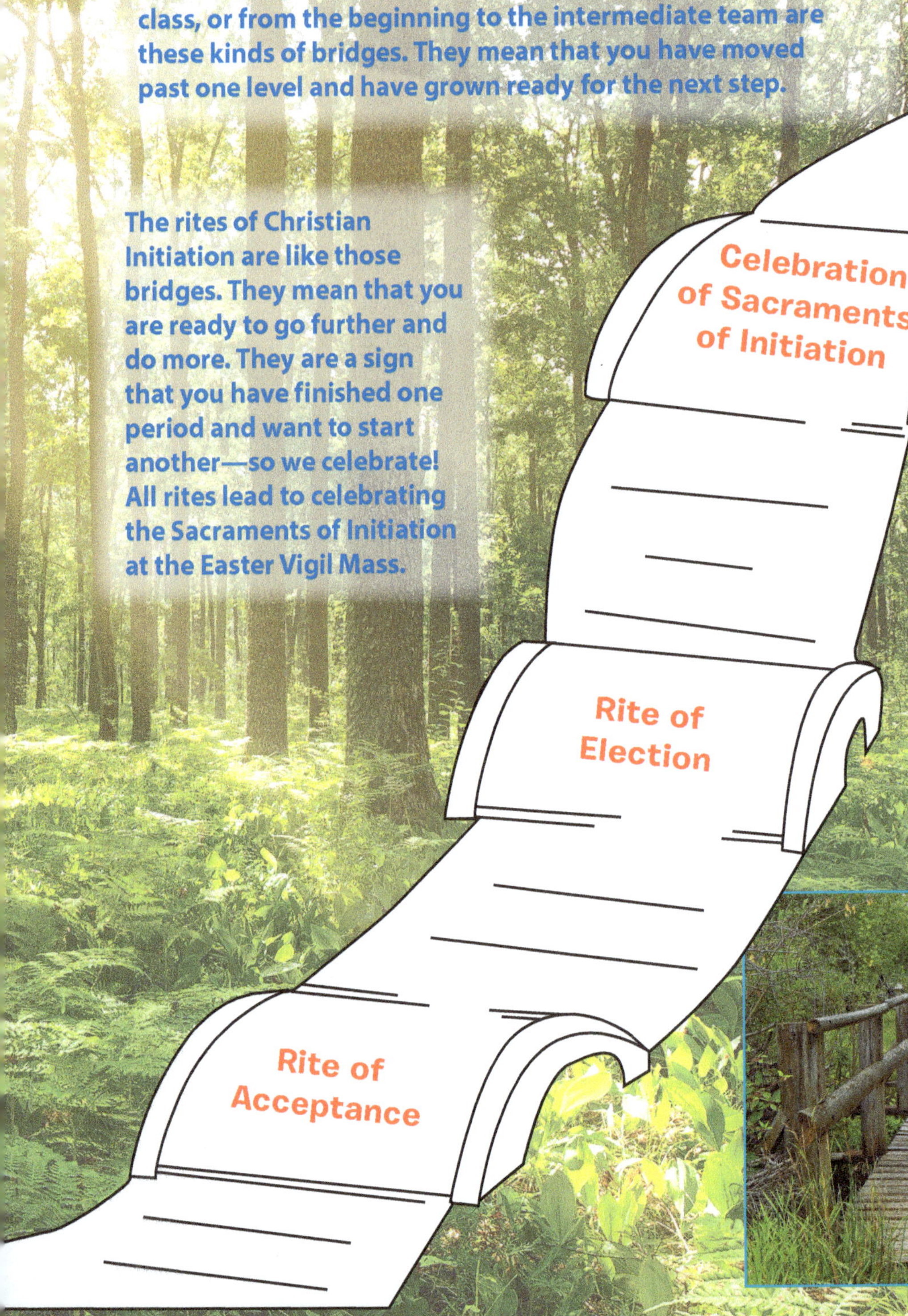


**Finish the bridge above by filling in the names of the periods before and after the rites. (Hint: Look at the colored boxes at the top of every page.)**

*Catechists, sponsors, and parents: Younger children may need your help completing this page.*

# The Rite of ACCEPTANCE

You may be asked some questions during the Rite of Acceptance. The questions may be asked in these words or words like these. You can hear what other people answer. But it's best to have your own answer ready. Write what you think your answer will be.

**Why do you want to become a Catholic?**

In the Rite of Acceptance, there are three main symbols. Complete the questions about each one.

## 1. The Community

Name a person or group of people who has helped you grow closer to Jesus.

What is it about this person or group that helps you grow closer to God?

## 2. The Word of God

**What is your favorite Bible story? Why is it your favorite?**

**Why do you think it's important to read the Bible?**

## 3. The Cross

**What hurts have you experienced?**

**Name a person or group who suffers because they are homeless, sick, hungry, lonely, or sad. How would you like to help this person or group?**

**Write or draw the part of the Rite of Acceptance that meant the most to you. Why was this part important?**

# The CALL to FOLLOW

*The second stage in the process of initiation is called the Catechumenate. During this time, you will learn "in all things to keep your hope set on Christ" (based on *Rite of Christian Initiation of Adults*, 75.2).

You will learn new ways to pray and read many Bible stories. You will become more and more like Jesus Christ as you act in his ways and serve his people.

Here are two things you can do during the Catechumenate:

+ **CREATE A PRAYER CORNER.** This is a place where you can come to be quiet with God. In this place, you and God can talk quietly or simply sit together. You may want to arrange special objects here: a beautiful shell or pebble, a flower, leaf or feather, pictures. If you have a cross and Bible, place them here too. Try to spend a little time every day in your prayer corner. You will want to try out different ways to pray and see which ones you like best.

+ **CHOOSE A WAY TO HELP OTHER PEOPLE.** On page 8, you named a person or group of people you would like to help. Write more about them here:

  ______________________________

  In what ways does your parish offer to help people who are poor, sick, lonely, or homeless?

  ______________________________

  Name one person you admire for the ways he or she helps other people.

  ______________________________

  What home or parish project could you help with?

  ______________________________

*Catechists, sponsors, and parents: Younger children may need your help completing this page.*

***Choose the Bible story about being called that you like best:**

**The call of Abram (Abraham) (Genesis 12:1–9)**

**The call of Samuel (1 Samuel 3:1–21)**

**The Annunciation to Mary (Luke 1:26–38)**

**The call of Matthew (Levi) (Luke 5:27–32)**

**The call of the first Apostles (Matthew 4:18–22)**

**The call of the Samaritan woman (John 4:1–42)**

**When you have finished, ask yourself these questions: Why did you choose this story? What did you learn from it?**

**Just as Abraham, Sarah, Samuel, Mary, Matthew, Peter, Andrew, James, John, and the Samaritan woman were called by God, so are *you*.**

**Let's start with a prayer:**

**"You are my beloved son [or daughter];
with you I am well pleased."**
**–based on Mark 1:11**

**Repeat these words slowly and reflectively to yourself. Think about what they might mean in your life. Ask God for help to follow Jesus.**

**Catechists, sponsors, and parents: Younger children may need your help completing this page.*

# WHO Calls Me?

**It would be strange to follow someone you didn't know, wouldn't it? What do you know about Jesus? Fill in the columns below. If you need help, ask a friend, parent, or sponsor.**

| Things I Know for Sure About Jesus | Ways Jesus Helped Other People | Things Other People Say About Jesus |
|---|---|---|
| | | |

**How will you answer Jesus' call to follow him?**

# Why ME?

*At times, we all wonder what Jesus sees in us. Why would he ask us to follow him? (We could ask the same thing about his first followers, who weren't exactly outstanding for their strength, smarts, or speed. Some would consider them pretty confused!)

In fact, Jesus knows exactly what he's doing. Some people, if they were going to start a Church, wouldn't ask a teenaged girl and a fisherman who was always putting his foot in his mouth. But, as it turned out, Mary and Peter were the perfect choices.

It may seem that you aren't quite the right person for the job either. But trust Jesus—he knew what he was doing when he chose you.

In the spaces below, fill in your "track record." When you were younger, you may have learned how to read, ride a bike, or add. Now and in the future, God may ask you to take care of younger people, help save the rain forests, or write music. Brainstorm creatively when you fill in the lists.

+ **Things God has called me to do in the past:**

+ **Things God asks of me now:**

+ **Things God may call me to do in the future:**

**The call might seem like too much if you have to do it alone. That's why you (and all other Christians) ask God for strength and energy to follow wherever God may lead. You can pray in your own words or use this prayer:**

**Help me learn "in all things to keep my hope set on Christ."**

**–based on *RCIA*, 75.2**

*Catechists, sponsors, and parents: Younger children may need your help completing this page.*

# Meeting JESUS Today

**During a normal day, where do you meet Jesus?**

**He may be hidden. He may wear the face of a friend or a stranger. He may surprise you.**

**Spend a week paying special attention to the ways that Jesus is with you. You may meet him in places you don't expect.**

| Write or draw in the space for each day how you met Jesus that day. | Sunday | Monday | Tuesday |
|---|---|---|---|
| **Wednesday** | **Thursday** | **Friday** | **Saturday** |
| | | | |

# RITES of the Catechumenate

***During this period, you may participate in several rites.**

The first is a **blessing**. Do you ever bless your food with a prayer or bless someone who sneezes? Blessing another person has its roots in the Jewish-Christian tradition. When Abram and Sarai were leaving for a journey, God blessed them, saying: "I will bless you; I will make your name great, so that you will be a blessing. . . . All the families of the earth will find blessing in you" (Genesis 12:2–3).

Today, we continue to bless people for the journey. In your case, the journey is the path to celebrating the Sacraments of Initiation at Easter. "The blessings of the catechumens are a sign of God's love and of the Church's tender care" (*RCIA*, 95).

You can also bless other people. Simply touch their forehead or shoulders or make the Sign of the Cross over them. You can say a prayer like this: "May the Lord bless you and keep you." Or you can bless someone using your own words.

**+ Write a blessing for another person in this space.**

Just as an athlete oils muscles before a competition, an **anointing** with oil strengthens a person for a hard task. The ancient kings of Israel were anointed, and Christ was anointed priest, prophet, and king. When the Church anoints you, it says, "You are a chosen race, a royal priesthood, a holy nation, a people of [God's] own" (1 Peter 2:9).

**+ How did you feel when you were anointed?**

Does your mom, dad, or an older brother or sister try to protect you from harm? Do they sometimes say, "Be careful," as you leave the house? A **minor exorcism** is a prayer to strengthen a Christian against the evils around us.

**+ Write a few words about the gesture you remember from the rite.**

**Catechists, sponsors, and parents: Younger children may need your help completing this page.*

# Preparing for the RITE OF ELECTION

Think about yourself as you were before you began this process and as you are now. If you see any differences, draw or write about them here:

BEFORE

NOW

+ How have you taken part in your community's life of prayer?

+ What memories do you have of Masses, prayer services, Liturgies of the Word, or prayer at home with your family?

+ What are your special memories of your service with the community? Did you pack lunches for the homeless? Did you take care of younger children? Write about or draw your favorite memory here:

# Preparing for the RITE OF ELECTION

*During this rite, you will be called forward by name. You will be called the *Elect* of God. That means that you have been chosen by God and the Church to carry out the work of Jesus. We will celebrate the choice of *you* as Jesus' follower in the Sacraments of Initiation (Baptism, Confirmation, and the Eucharist) at the Easter Vigil. During this rite, you will write your name in the Book of the Elect.

+ **When have you signed your name, or when have your parents signed for you? Describe or draw it here:**

+ **What does it mean to sign your name?**

+ **What do you need most from God now?**

*Catechists, sponsors, and parents: Younger children may need your help completing this page.*

# After the RITE OF ELECTION

**During the rite, your parents or godparents spoke for you. They said that you have heard Christ's call and want to follow him.**

- **How do you feel about celebrating the Sacraments of Baptism, Confirmation, and the Eucharist?**

- **During the Catechumenate, you heard many stories of Jesus. Which one is your favorite?**

- **Did you memorize any words of Jesus that you carry in your heart? Write them here:**

# First SCRUTINY

W

+ Draw or write about a time when you were terribly thirsty.

A

+ Draw or write about an experience you remember with water: maybe a rainstorm, a swim on a hot day, a lake or ocean, a blizzard.

T

E

+ Read Exodus 17:3–7 and John 4:5–42. How does water come into each story?

R

+ Draw or describe one way you see people acting like water for one another: cleaning faces, hands, or clothes; quenching thirsts; bringing refreshment.

# Presentation of the CREED

*A **creed** is a statement of people's beliefs. The word means "we set our hearts on these things." Imagine that a computer glitch has wiped out all of the world's creeds. You must make up your own.

**+ What are the things about God that you believe deep down? List them here:**

## Apostles' Creed

I believe in God, the Father almighty,
Creator of heaven and earth,
and in Jesus Christ, his only Son, our Lord,
who was conceived by the Holy Spirit,
born of the Virgin Mary,
suffered under Pontius Pilate,
was crucified, died and was buried;
he descended into hell;
on the third day he rose again from the dead;
he ascended into heaven,
and is seated at the right hand of
God the Father almighty;
from there he will come to judge
the living and the dead.
I believe in the Holy Spirit,
the holy catholic Church,
the communion of saints,
the forgiveness of sins,
the resurrection of the body,
and life everlasting.
Amen.

**+ Choose one phrase from the Creed to write in your own words or draw a picture of what it means to you.**

*Catechists, sponsors, and parents: Younger children may need your help completing this page.*

# Second SCRUTINY

L I G H T

+ **Draw or describe a time when you couldn't see well. Or remember a time when things in your life seemed dark, either inside or outside of you.**

+ **Read John 9:1–41. Put yourself into the shoes of the man born blind. Imagine how it would be to have your sight given to you. Draw or describe what you see in the space below.**

+ **How do you think people act as light for one another? Draw or describe a time when you helped someone else to see or when someone helped you to see.**

# Third SCRUTINY

DEATH and NEW LIFE

- Write about a death or loss in your life: a friend moving away, a parent losing a job, a failure in school.

- Write about a time when you felt filled with new life: a surprise phone call, a beautiful spring day, a ride in a friend's new car.

- Read John 11:1–45. Retell the story as if you were Lazarus or Martha or Mary. Begin: "I had the most amazing experience today . . ."

- How can people bring new life to one another? Draw or write such events as parents birthing a child, friends helping one another, or a way you have either given or been given new life.

# Presentation of the LORD'S PRAYER

For centuries, Christians have said this prayer. When we give it to you, it's like handing on a treasure. To help make it your own, write it in your own words or draw what it means to you.

**Our Father,**

**who art in heaven,**

**hallowed be thy name;**

**thy kingdom come,**
**thy will be done**

**on earth as it is in heaven.**

**Give us this day our daily bread**

**and forgive us our trespasses**

**as we forgive those who trespass**
**against us;**

**and lead us not into temptation,**

**but deliver us from evil.**

**Amen.**

# Preparing for the SACRAMENTS OF INITIATION

## BAPTISM

Read Luke 8:22–25 in which Jesus calms a storm. How many other Bible stories can you think of that are about water? How does the Church bring people water for their thirst, cleanse people, or restore hope where there was none?

In the pitcher below, draw or write about a time when water has brought you beauty and refreshment. Or show a time when you were afraid of water—maybe during a bad storm or when you or someone else almost drowned.

# CONFIRMATION

*A king or queen may wear a crown to mark them as special. They are also anointed (oil is poured on them) to show that they are set apart for their special work.

You will be anointed, too, with a special oil called **Sacred Chrism.** It will show that you are special, set apart for service to God. Your body is sacred, and you are noble because you are marked with the sign of Jesus. The Chrism will smell wonderful and will shine on your forehead. It reminds you that you are becoming part of "a royal priesthood, a holy nation, a people of [God's] own" (1 Peter 2:9).

Read 1 Samuel 16:1, 6–7, 10–13. How will you be marked as David was? Write or draw your response in the bottle below.



*Catechists, sponsors, and parents: Younger children may need your help completing this page.

## THE EUCHARIST

**Think about a time when you were hungry. Now remember a wonderful meal. What smells, tastes, and sights can you remember? Draw or create the perfect meal on the plate below.**

Read John 6:1–13 in which Jesus feeds 5,000 people. What other Bible stories talk about bread? Do you remember a story about Jesus drinking wine? What did he say then? Write his words on the cup below.

Remember a time when your spirits were lifted. Maybe it was a wonderful event—a trip, a concert, or a game that cheered you up or brought you joy.

How do you lift the spirits of your friends and family? How do they do this for you? Draw or write your response on the bread shape below.

# MYSTAGOGY

**Think about a special time—a party, a movie, a vacation.**

**When you have had a special time, how do you remember it? Do you look at pictures or souvenirs?**

**If you have any objects from the Easter Vigil—baptismal candle, white garment, photos, a video—get them out now. Draw or list them. Put them near you, so that as you write, they will help you remember this special time. What memories do they bring?**

This section of your journal is for looking back at the sacraments you celebrated and looking ahead to how you will live as a Catholic. Sometimes you can appreciate a party or a trip almost as much after the experience as during it. It can be like that with the sacraments: we can spend the rest of our lives appreciating them and growing in understanding of their meaning. That is what the period of Mystagogy is for. You begin this reflection now and will continue it for the rest of your life.

Below are some of the things you may remember from the Easter Vigil. Write words or draw what you remember about each.

fire

oil

Scripture

candle

water

Bread

touch

Wine

white garment

# The ASSEMBLY

The people who came together for the Easter Vigil are called the Church or the assembly. Draw or name some of the people you remember.

# Service of LIGHT

Look back in your journal to page 21, 4th Sunday of Lent. What did you write or draw there about light?

How can you now bring light to others? Do you sometimes tell a joke to someone who is sad? Do you help your mom or dad who is tired? Do you sing or dance or run or draw? All these things can bring joy to others.

Draw yourself holding your lighted baptismal candle.

# LITURGY of the WORD

**Choose one of the following readings from the Easter Vigil and write or draw what you remember of the story in the space below.**

**"In the beginning, when God created the heavens and the earth . . ." –Genesis 1:1**

**"Then Moses and the Israelites sang this song to the LORD:**
**'I will sing to the LORD, for he is gloriously triumphant;**
**horse and chariot he has cast into the sea.'" –Exodus 15:1**

**"All you who are thirsty, come to the water!" –Isaiah 55:1**

**"Are you unaware that we who were baptized into Christ Jesus were baptized into his death?" –Romans 6:3**

**"He has been raised." –Matthew 28:6**

# Celebration of BAPTISM

**As you were immersed in the water or felt it flowing over your head, what were you feeling or thinking?**

**Look back in your journal at what you wrote or drew about water on pages 19 and 24.**

**How do you bring refreshment and cleansing to other people? Do you sometimes help with the laundry or water the plants? Do you make lemonade for younger children? Do you offer your friend a cold drink after a hot bike ride? Draw or write about one way you will be like water for thirsty people.**

# WHITE GARMENT and CANDLE

**Draw yourself wearing the white garment.**

**What do you think these words mean: "You . . . have clothed yourself in Christ"?**

**How did you feel when your godparent handed you the lighted candle?**

**How can you "walk . . . as a child of the light and keep the flame of faith alive in your heart"?**

# Celebration of CONFIRMATION

**As the presider extended hands over you, what were you feeling or thinking? What about when you were being anointed with Sacred Chrism? Write or draw what you remember.**

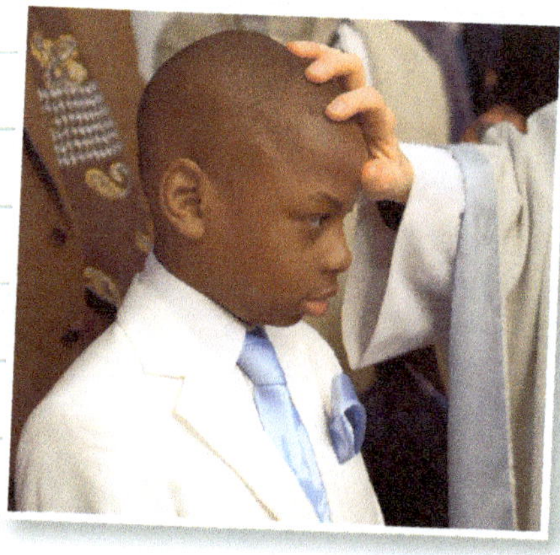

**How can you touch the lives of other people like oil and fragrance? How can you soothe a hurt? Comfort someone who is ill? Bring beauty to someone? Draw or write about one way you will be like Christ to other people.**

# LITURGY of the EUCHARIST

**Look back in your journal at what you said earlier about hunger and eating on pages 26 and 27. What Bible stories can you remember that talk about Jesus eating and drinking?**

**How did it feel to come to the Lord's table to receive the Eucharist with all the others? Draw or describe yourself receiving Christ's Body and Blood.**

# Looking BACK, Looking FORWARD

The end of the initiation process is also a beginning. Now you will live as a follower of Jesus, marked forever with the sign of his Cross. Over and over, he will feed you with his Body and Blood. In turn, you will bring Jesus to everyone you meet.

Look back at the first page of your journal. How did you feel as you began the path to full initiation?

How do you feel now as you complete your initiation?

As you look ahead, what kind of Christian do you want to be?